BEI GRIN MACHT SICH IHR WISSEN BEZAHLT

Exegese der Bibelstelle Matthäus 22, 34-40. Zur Frage nach dem höchsten Gebot

Julia Hahn

Bibliografische Information der Deutschen Nationalbibliothek:

Die Deutsche Nationalbibliothek verzeichnet diese Publikation in der Deutschen Nationalbibliografie; detaillierte bibliografische Daten sind im Internet über http://dnb.d-nb.de abrufbar.

ISBN: 9783346574411
Dieses Buch ist auch als E-Book erhältlich.

© GRIN Publishing GmbH
Nymphenburger Straße 86
80636 München

Druck und Bindung: Books on Demand GmbH, Norderstedt Germany
Gedruckt auf säurefreiem Papier aus verantwortungsvollen Quellen

Das Buch bei GRIN: https://www.grin.com/document/1165637

Exegese

der Bibelstelle
Matthäus 22, 34-40:
Zur Frage nach dem höchsten Gebot

im Rahmen des Proseminars Exegese

durchgeführt von Julia Hahn

Inhaltsverzeichnis

Übersetzung 3

Situationsanalyse 3

Kontextanalyse 4

Formanalyse 6

Gattungsanalyse 7

Begriffs- und Sacherklärungen; religiöse Motive und Traditionen 7

Motivanalyse 9

Traditions- und Redaktionsanalyse 11

Traditionsanalyse = Synoptischer Vergleich 11

Redaktionsanalyse 12

Interpretation 13

Literaturverzeichnis 16

Anhang 17

Übersetzungsvergleich 17

Synoptischer Vergleich 18

Übersetzung

Matthäus 22, 34-40

Zur Frage nach dem höchsten Gebot

[34]Als aber die Pharisäer hörten, dass er die Sadduzäer zum Schweigen gebracht hatte, versammelten sie sich am selben Ort. [35]Und in der Absicht, ihn auf die Probe zu stellen, fragte ihn einer von ihnen, ein Gesetzeslehrer: [36]Meister, welches Gebot ist das höchste im Gesetz? [37]Er sagte zu ihm: *Du sollst den Herrn, deinen Gott, lieben mit deinem ganzen Herzen und mit deiner ganzen Seele und mit deinem ganzen Verstand.* [38]Dies ist das höchste und erste Gebot. [39]Das zweite aber ist ihm gleich: *Du sollst deinen Nächsten lieben wie dich selbst.* [40]An diesen beiden Geboten hängt das ganze Gesetz und die Propheten.

Situationsanalyse

Als Verfasser des Evangeliums gilt Matthäus, denn dieser wurde von Papias von Hierapolis ca. 125 als Autor genannt. Allerdings ist es wenig wahrscheinlich, dass Matthäus als Augenzeuge auf ein bereits verfasstes Evangelium (Markus) als Quelle zurückgegriffen hätte.[1] Daher besteht in der historisch-kritischen Exegese ein weitgehender Konsens, demzufolge der Verfasser namentlich nicht bekannt ist.[2] Die Entstehungszeit des Evangeliums ergibt sich aus der Abhängigkeit von Markus, dessen Werk um das Jahr 70 entstanden sein muss, und wird auf die Zeit Mitte der achtziger bis Anfang der neunziger Jahre datiert. Markus Werk wurde ungefähr zu neunzig Prozent als Vorlage genutzt.[3] Weitere Anhaltspunkte für die Entstehung im genannten Zeitraum können die Bibelstellen 21,41; 22,7 und 23,38 gesehen werden, wo Matthäus die Zerstörung Jerusalems im Jüdischen Krieg voraussetzt. Für ihn ist weiterhin die Verfolgung durch die Juden ein vergangenes Problem und fokussiert sich daher auf innergemeindliche Probleme (vgl. 24,9-14).[4]

Der kunstvolle Aufbau des Evangeliums und der Umgang mit dem Alten Testament lassen darauf schließen, dass der Autor ein christlicher Schriftgelehrter gewesen sein könnte.[5] Als Entstehungsort wird Syrien angenommen, da sowohl der Autor als auch die Gemeinde dort lebt, wie er in 4,24 schreibt. Heute wird die Hauptstadt Antiochien

---

[1] Vgl. Bull 2018
[2] Vgl. Sand 1986, S. 17
[3] Vgl. Fiedler 2006, S.19
[4] Vgl. Bull 2018
[5] Vgl. Fiedler 2006, S. 19

oft als genauerer Ort vermutet.[6] Ob das Matthäusevangelium in einem juden- oder
heidenchristlichen Milieu entstand ist in der Forschung umstritten, da sich gute
Argumente für beide Annahmen finden. Die judenchristliche Tradition prägt das
Werk, indem es sich beispielsweise auf das Alte Testament bezieht, die Tora als
verbindlich anerkennt (vgl. 5,17-19) und in Jesus die Erfüllung der dort überlieferten
Verheißungen (vgl. 1,22f oder 3,3) sieht. Jesu Mission zielt dabei auf die „verlorenen
Schafe Israels" (vgl. 10,5f und 15,24) ab. Der jüdischen Sitte Assoziationen des
Gottesnamens zu vermeiden entsprechend ändert Matthäus die „Königsherrschaft
Gottes", wie sie bei Markus zu finden ist, zu „Königsherrschaft der Himmel" ab.
Dementsprechend schreibt der Verfasser wahrscheinlich für eine judenchristliche
Gemeinde. Auffällig und charakteristisch für Matthäus ist die kritische
Auseinandersetzung mit dem zeitgenössischen Judentum, insbesondere
pharisäischer Prägung. Dies wird anhand der distanzierten Sprache deutlich, indem
er beispielsweise von „ihren Schriftgelehrten" (7,29) oder „euren Synagogen" (23,34)
spricht. Die inhaltliche Nähe zum pharisäischen Judentum scheint Anlass dafür
gewesen zu sein Distanz schaffen und begründen zu wollen.[7]

Kontextanalyse

Die Bibelstelle befindet sich im Matthäusevangelium, aber auch, in vergleichbaren
Fassungen, in den Evangelien von Markus und Lukas. Im Wesentlichen entspricht
der Aufbau des Evangeliums dem des Markus und des Lukas. Der Stoff ist von
Matthäus jedoch überlegt zusammengestellt, kunstvoll angeordnet und durch das
Hinzufügen von Sonderüberlieferungen und eigenen theologischen Reflexionen
ergänzt worden.[8] Im Vergleich mit seinen Vorlagen Mk und der Logienquelle sind die
gestalterischen Überarbeitungen und Auffüllungen offensichtlich.[9] Demzufolge ist das
Material stärker thematisch geordnet als dies bei seiner Vorlage Markus der Fall ist.
Das Spruchgut ist zu fünf großen Reden zusammengestellt worden, die das
Evangelium prägen, nämlich die Bergpredigt (5-7), die Aussendungsrede (10), die
Gleichnisrede (13), die Gemeinderegel (18) und die Doppelrede gegen die Pharisäer
und von den letzten Dingen (23-25). Jesus wird durch die ausgedehnten Reden als
Lehrer dargestellt.[10] Die theologische Zielsetzung des Matthäus-Evangeliums wird

---

[6] Vgl. Fiedler 2006, S. 19
[7] Vgl. Bull 2018
[8] Vgl. Sand 1986, S. 19
[9] Vgl. Frankemöller 1999, S. 92
[10] Vgl. Bull 2018

durch die literarische und kompositorische Eigenart angedeutet. Im Fokus steht die Belehrung über Jesus von Nazareth. Dieser wird von Matthäus als der in den alttestamentlichen Schriften prophezeite Messias Israels beschrieben. Seine theologische Reflexion geht daher von dem Zentralgedanken aus, dass Jesus vom Judentum nicht als Heil anerkannt worden ist. In Verbindung dazu stellt sich die Frage nach dem Verhältnis von Jesu zur Tora. Diese bleibt als Streitfrage in der Gemeinde. Somit wird seine literarische Gestaltungsabsicht weitgehend durch den lehrhaften Charakter seines Buches bestimmt, in dem er apologetische und polemische Erfordernisse und theologische Probleme seiner Gemeinde berücksichtigt.[11] Eine grobe Einteilung der Struktur könnte folgendermaßen erfolgen:[12]

Erster Teil:	Das Kommen des Messias	1,1-4,16
Zweiter Teil:	Das Wirken Jesu in Galiläa	4,17-16,20
Dritter Teil:	Auf dem Weg nach Jerusalem	16,21-20,34
Vierter Teil:	Die Tage Jesu in Jerusalem	21,1-26,2
Fünfter Teil:	Das Leiden und Sterben Jesu, seine Auferweckung und der Missionsauftrag	26,3-28,20

Die untersuchte Perikope entspricht demnach dem vierten Teil, in welchem die Tage Jesu in Jerusalem beschrieben werden. Nachdem Jesus in Jerusalem eingezogen ist und die Tempelreinigung veranlasst hat, wird er als Lehrer im Tempel Jerusalems dargestellt (21,23-24,1). Dort werden seine Zuhörer zunächst durch Gleichnisse unterwiesen (21,28-22,14), bevor abwechselnd feindliche Fragesteller an ihn herantreten, um ihn herauszufordern (22,15-22,40). Der Wechsel der Gesprächspartner und die dadurch bedingten thematischen Wechsel gliedern die Perikopen. Dabei ist die Frage nach dem höchsten Gebot die letzte von drei Fragen, die ihm gestellt werden. Nach dieser Frage konfrontiert Jesus seinerseits die Pharisäer mit der Frage nach dem Messias (22,41-46), bevor er all jene anklagt, die vergeblich versuchten Gründe zur Anklage gegen ihn zu finden (23,1-39).

Die Perikope beginnt in Vers 34 mit einem Rückbezug auf das vorangegangene Ereignis. Er habe die Sadduzäer zum Schweigen gebracht. Im selben Vers werden die Pharisäer als erneute Kontrahenten eingeführt, die sich am selben Ort, nämlich am Tempel, versammeln. Im nächsten Vers wird die Absicht eines Pharisäers als

---

[11] Vgl. Sand 1986, S. 19f
[12] Vgl. Sand 1986, S. 36

versucherisch beschrieben, bevor im darauffolgenden Vers Jesus eine knappe Frage gestellt, die nur durch die vorhergehende Charakterisierung als böswillig erscheint. Jesus antwortet mit dem Gebot der Gottesliebe und fügt danach hinzu, dass jenes das höchste Gebot sei. Diesem sei aber ein weiteres gleich, nämlich das der Nächstenliebe. Abschließend betont er, dass an den eben genannten Geboten das Gesetz und die Propheten hängen.

Inhaltlich nahestehend ist die in der Bergpredigt formulierte „goldene Regel" (7,12) und das Gebot der Feindesliebe (5,43-48). Die matthäische Variante des Gebots der Feindesliebe wird in ausdrücklicher Abgrenzung zur jüdischen Tradition formuliert: „Ihr habt gehört, dass gesagt wurde: Du sollst deinen Nächsten lieben und deinen Feind hassen. Ich aber sage euch: Liebt eure Feinde und betet für die, die euch verfolgen" (Mt 5,43-44).[13] Es finden sich außerdem weitere Formeln, die die Ethik summieren, bei Mt, wie beispielsweise in Mt 9, 13 und 12,7 wo es heißt: „Barmherzigkeit will ich und nicht Opfer".[14] Ferner ist der Rückbezug zum Dekalog unübersehbar.[15] Die Zitatenkombination von Dtn 6,5 und Lev 19,18 ist der Substanz nach jüdisch vorgebildet, wenn auch nicht schriftlich fixiert.[16]

Formanalyse

Der Aufbau ist unkompliziert gestaltet und klar gegliedert. Es wird überwiegend in wörtlicher Rede und somit zeitdeckend erzählt. Die Erzählung bewegt sich also im in etwa gleichem Tempo wie das erzählte Geschehen. Dies bewirkt eine erhöhte Glaubwürdigkeit beim Leser, da er das Gefühl hat den genauen Wortlaut der Interaktion zu kennen. Im Kontext betrachtet muss der Ort 21,23 entsprechend der Tempel sein, in welchem Jesus seine Lehren vorträgt.[17]
Lediglich als Überleitungsbemerkung erwähnt wird das Scheitern der Sadduzäer. Dies wird von den Pharisäern zum Anlass genommen sich erneut gegen Jesus zu versammeln.[18] Dass der Fragesteller ein Gesetzeslehrer ist scheint sinnvoll, da es um das Grundverständnis der Tora und die darin enthaltenen Gebote und Gesetze geht.[19] Angesichts des geographischen Kontexts erscheint die angegebene

---

[13] Vgl. Guttenberger 2007, S. 82
[14] Vgl. Gnilka 2000, S. 262
[15] Vgl. Frankemöller 1997, S. 354
[16] Vgl. Sand 1986, S. 447
[17] Vgl. Frankemöller 1997, S.353
[18] Vgl. Gnilka 2000, S.259
[19] Vgl. Frankemöller 1997, S.353

Motivation des Gesetzeslehrers Jesus auf die Probe stellen zu wollen ebenfalls angemessen.[20] Jesus stand die Geltung und den Stellenwert des Gesetzes betreffend im kritischen Dialog mit dem zeitgenössischen Judentum. Dieser Dialog hat sich durch verhärtete Fronten zu einer Auseinandersetzung entwickelt, bei der die Dialogpartner bei ihren Anfragen auf eine versucherische Herausforderung aus sind anstelle von Verständigung.[21] Der Höhepunkt des Geschehens ereignet sich in der Formulierung des Doppelgebotes der Liebe, in welchem die christliche Lehre zusammengefasst wird.

Gattungsanalyse

Die vorliegende Perikope beinhaltet eine veranlasste Rede und lässt sich somit als Chrie klassifizieren. In Chrien demonstriert eine bedeutende Persönlichkeit ihre Weisheit und Autorität, indem sie eine gestellte Frage in einer Weise beantwortet, die sowohl durch ihre Schlagfertigkeit als auch kritische Infragestellung geltender Normen, heraussticht. Chrien sind rational und somit frei von wunderbaren Begebenheiten. Sie eignen sich besonders für Biographien, da die Situation und die veranlasste Rede sich aus der Biographie einer Person ergeben. Die Funktion einer Chrie ist es die Weisheit und Autorität der antwortenden Person herauszustellen und zu bekräftigen. In Matthäus 22, 34-40 treten die Pharisäer in der Absicht Jesus zu prüfen an ihn heran. Jesus lässt diese verstummen, indem er mit seiner Antwort seine überlegene Weisheit und Autorität beweist. Daher entspricht die Perikope der Definition nach einer Chrie. Werden mehrere Chrien aneinandergereiht, so wird von einer Chrienreihe gesprochen. In diesem Verständnis entspricht die untersuchte Perikope dem letzten Glied einer solchen Reihe, die sich von Mt 22,15 (Die Frage nach der Kaisersteuer) bis Mt 22, 40 (Die Frage nach dem höchsten Gebot) erstreckt.[22]

Begriffs- und Sacherklärungen; religiöse Motive und Traditionen

Im Text werden keine unbekannten Begriffe verwendet. Ein für das richtige Verständnis relevanter Sachverhalt ist die vom Schriftgelehrten gestellte Frage nach dem höchsten Gebot. Sie entspricht dem Bestreben die Essenz der Gebote in einer Kernaussage auszudrücken, wie das in der pharisäische-rabbinischen Tradition

---

[20] Vgl. Frankemöller 1997, S.353
[21] Vgl. Sand 1986, S. 447
[22] Vgl. Berger 2005, S. 142-144

üblich war.[23] Dies und die Verbindung der in der Perikope zitierten Gebote der Gottes- und der Nächstenliebe (vgl. Dtn 6,4 und Lev 19,18) lässt sich vielfach nachweisen (z.B. Gal 514, TestIss 5,2 oder Röm 13,8-10). Levitikus 19,18 beschreibt die Liebe als Summe und Ziel der gesamten Tora.[24] Die Geltung der jeweiligen Einzelgebote wird durch das Komprimieren zu einer Kernaussage nicht in Frage gestellt.[25] Die Formulierung, die in der Perikope mit „zum Schweigen bringen" übersetzt wurde, ist ebenfalls eine nachweislich jüdische Redewendung, die wörtlich mit „den Mund stopfen" übersetzt werden kann.[26]

Ein weiterer als bekannt vorausgesetzter Sachverhalt ist die kritische Auseinandersetzung mit den Pharisäern. Die Frage nach historischen Pharisäern ist nicht einfach zu beantworten, da sämtliche antike Quellen deutliche Aussageintentionen beinhalten.[27] Pharisäer und Sadduzäer werden in ihrer Stellung gegen Jesus gleich dargestellt. So freuen sich die Pharisäer nicht als sie vom Scheitern der Sadduzäer hören, sondern versammeln sich erneut gegen Jesus.[28] Sie gehören dem zeitgenössischen Judentum an und erkennen Jesus nicht als den Messias an. Sie treten im neuen Testament immer wieder als Gegner und Diskussionspartner auf. Anhand solcher Streitgespräche wird die Überlegenheit Jesu aufgezeigt. Somit wird trotz inhaltlicher Nähe immer wieder Distanz geschaffen und begründet.[29] Die Konflikte Jesu mit den Pharisäern beziehen sich speziell auf rituelle Reinheit beim Essen (Mk 7,2-13; vgl. 2,16), Fragen der Sabbatpraxis (Mk 2,23-3,6) und zur Ehescheidung (Mk 10,2-12). Pharisäer werden in der Sammlung von Streitgesprächen (Mk 12, 13-40) scheinbar bewusst von Sadduzäern abgehoben. Dabei ist es allerdings fraglich ob spezifische Gruppenmerkmale durch die jeweiligen Themen wiedergespiegelt werden sollen. Bei der Frage nach dem höchsten Gebot ist dies auszuschließen.[30]

In der anschließenden Motivanalyse ist das korrekte Verständnis von Gottesliebe und Nächstenliebe, die Erweiterung des Gesetzes durch den Zusatz der Propheten und die Anrede „Meister" zu klären.

---

[23] Vgl. Fiedler 2006, S. 338
[24] Vgl. Crüsemann 1992, zitiert nach Frankemöller 1997, S. 354
[25] Vgl. Fiedler 2006, S.339
[26] Vgl. Gnilka 2000, S. 259
[27] Vgl. Niebuhr 2009, S.318 f
[28] Vgl. Gnilka 2000, S. 259
[29] Vgl. Bull 2018
[30] Vgl. Niebuhr 2009, S.321

Motivanalyse

Der Rückbezug zum Dekalog ist sehr deutlich.[31] Bereits in Lev 19,18 heißt es: „Du sollst deinen Nächsten lieben wie dich selbst; ich bin der HERR." Weiterhin wird auf Dtn 6,5 verwiesen, wo es heißt: „Darum sollst du den Herrn, deinen Gott, lieben mit ganzem Herzen, mit ganzer Seele und mit ganzer Kraft."

Das im hebräischen verwendete Verb hat, wie das Deutsche auch, ein offenes Bedeutungsspektrum. Es beschreibt sowohl die sexuelle Liebe, als auch die Liebe zu Familienmitgliedern, die gegenüber Freunden, politische Loyalitätsbeziehungen und die Liebe zu Gott.[32] Gottesliebe wird in der Perikope wie folgt beschrieben: Gott lieben mit deinem ganzen Herzen und mit deiner ganzen Seele und mit deinem ganzen Verstand. Diese drei beinahe synonymen Kräfte unterstreichen, dass alles Fühlen, Streben und der gesamte Intellekt auf Gott gerichtet sein soll. Die Liebe zu Gott wird in mittelalterlichen Auslegungen gerne als Erkenntnis und Gehorsam beschrieben. Gott zu lieben bedeutet dementsprechend seine Gebote einzuhalten. Dementsprechend ist sie eher willensmäßig als gefühlsmäßig.[33] Die Ungeteiltheit des Gehorsams wird im jüdischen durch „mit deinem ganzen Herzen" ausgedrückt.[34] Die Liebe zu Gott kann nur durch den Glauben an Gott entstehen und dieser Glaube aus der Gotterkenntnis.[35]

Die Nächstenliebe beschreibt ebenfalls nicht notwendig ein Gefühl, sondern eine Einstellung und den Umgang mit Mitmenschen, bei der der gleiche Maßstab angelegt und verwirklicht wird, wie bei sich selbst. Dies wird auch in der goldenen Regel beschrieben.[36] Bibelkundigen Lesern war klar, dass auch der Fremde als Nächster zu gelten hat (vgl. Lev 19,34: „Wie ein Einheimischer soll euch der Fremde gelten, der bei euch lebt. Und du sollst ihn lieben wie dich selbst, denn ihr seid selbst Fremde gewesen im Land Ägypten. Ich bin der Herr, euer Gott."). Das Gleichnis vom barmherzigen Samariter bei Lukas unterstreicht, dass es bei der Definition wer als Nächster gilt, keine Grenzen geben darf.[37] Als Maßstab für die Nächstenliebe ist gemäß Lev 19,18 die Liebe zu sich selbst. Diese Selbstliebe kann bei gesunden

---

[31] Vgl. Frankemöller 1997, S. 354
[32] Vgl. Luz 1997, S. 279
[33] Vgl. Luz 1997, S. 272
[34] Vgl. Luz 1997, S. 279
[35] Vgl. Bullinger, zitiert nach Luz 1997, S. 272
[36] Vgl. Fiedler 2006, S. 339
[37] Vgl. Luz 1997, S. 273

Menschen vorausgesetzt werden.[38] Anhand des Besorgtseins um sich selbst, kann das Verständnis erlangt werden wie Besorgtsein um den Nächsten aussehen könnte.[39]

Alle anderen Gebote werden insofern von der Gottes- und Nächstenliebe überragt, indem sie das Kriterium darstellen, an welchem sie gemessen werden. In diesem Verständnis darf alles Tun der Menschen aus Liebe geschehen und darf ihr nicht widersprechen. Liebe muss hier in ihrem doppelten Sinn verstanden werden, da sie die Liebe zu Gott und dem Nächsten umfasst. Sowohl das Gesetz als auch die Propheten hängen daran sinnbildlich wie eine Tür in den Angeln.[40]

Die Tatsache, dass Matthäus das Gesetz durch die Propheten erweitert, wird geübte Leser nicht überraschen, da er schon in 5,17 schreibt: „Meint nicht, ich sei gekommen das Gesetz oder die Propheten aufzulösen" und auch in der *goldenen Regel* betont: „Dies ist das Gesetz und die Propheten" (7,12). Die Bedeutung dieser Ergänzung kann unterschiedlich interpretiert werden. So kann darunter die Summe der Forderungen Gottes verstanden werden.[41] Möglich ist auch, dass die von den Propheten legitim interpretierte Tora gemeint ist.[42] Logisch ist auch die Ansicht, dass so die Zugehörigkeit von Gottes- und Nächstenliebe zu den Weisungen von Gesetz und Propheten betont wird.[43]

Die Anrede Lehrer oder Meister wird von Matthäus auch in anderen Gesprächen verwendet.[44] Insgesamt wird in Matthäusevangelium ein christologisches Portrait von Jesus als Lehrer gezeichnet. Jesus wird vielmehr durch seine Weisheit, Ethik und Heilsverkündungen definiert, als über Hoheitstitel und Glaubensformeln.[45] Die Lehren Jesu beweisen, dass Glaube als reflektierte Zustimmung verstanden werden kann. Da das Evangelium gelehrt werden kann, kann Glaube nicht blindem Gehorsam entsprechen. Der Glaube gibt Inhalte vor, mit denen es sich auseinanderzusetzen

---

[38] Vgl. Frankemöller 1997, S. 355
[39] Vgl. Gnilka 2000, S. 262
[40] Vgl. Bauer zitiert nach Gnilka 2000, S. 261
[41] Vgl. Gnilka 2000, S. 260
[42] Vgl. Sand 1986, S.448
[43] Vgl. Gnilka 200, S. 261
[44] Vgl. Ebd., S. 258
[45] Vgl. Söding 2017, S. 3

gilt. Die Lehre kann daher als Teil seines messianischen Heildienstes verstanden werden. [46]

Traditions- und Redaktionsanalyse

Traditionsanalyse = Synoptischer Vergleich

Im synoptischen Vergleich weist Matthäus eine höhere Übereinstimmung zu Lukas Einleitung des Gleichnisses vom barmherzigen Samariter auf, indem in beiden Fassungen ein Gesetzeslehrer in böswilliger Absicht an Jesus herantritt, um ihn auf die Probe zu stellen, was die Konfliktbeziehung der Pharisäer mit Jesus unterstreicht. Dementsprechend wird darin ein vorangeschrittener Stand der frühen Christen mit jüdischen Autoritäten dokumentiert. Markus hingegen erzählt von einem Schriftgelehrten, ohne diesem Hintergedanken zu unterstellen. Dieser akzeptiert Jesus als Lehrer, indem er die Antwort Jesu als richtig bewertet. Bei Lukas sind die Rollen vertauscht, da er den Schriftgelehrten selbst die gestellte Frage beantworten lässt. Hierbei formuliert der Schriftgelehrte das Doppelgebot der Gottes- und der Nächstenliebe. Das anschließende Lob Jesu und die Aufforderung entsprechend zu handeln entfällt bei Mt und Mk aufgrund eben dieser Änderung. Im Vergleich zu Markus, der bei dem die Frage nach dem ersten Gebot beantwortet und durch ein zweites Gebot ergänzt wird, wird bei Mt die Frage nach dem höchsten Gebot gestellt und beantwortet, wobei das Zweite betont diesem gleichgestellt ist. Das Gebot der Nächstenliebe wird durch die Gleichwertigkeit forciert. Zudem wird auf diese Weise die Untrennbarkeit der beiden Gebote ausgedrückt. [47] Darüber hinaus wird der Hinweis, dass dies das höchste und erste Gebot ist, gezielt nach dem Zitat. [48] Lukas geht einen Schritt weiter, indem er zusätzlich zur theoretischen Erörterung die praktische Verwirklichung in den Blick nimmt. Indem Jesus die Frage nach dem höchsten Gebot an den Gesetzeslehrer zurückgibt und dieser sie richtig beantworten hat, trägt Jesus ihm auf danach zu leben, was wiederum die Frage, wer der Nächste sei, aufwirft. Anhand des Gleichnisses vom barmherzigen Samariter verdeutlicht er die Universalität des Gesetzes, das über Volkszugehörigkeit hinaus geht bis hin zur Feindesliebe. Alle Evangelisten führen Dtn 6, 5 an. In der Fassung des Markus wird zusätzlich Dtn 6,4 zitiert. Die bei Markus verwendete Anrede „Israel", hat Matthäus ausgespart. Eine mögliche Erklärung dafür könnte sein, dass sich Mt an dem

---

[46] Vgl. Söding 2017, S. 5 f.
[47] Vgl. Gnilka 2000, S. 260 f
[48] Vgl. Sand 1986, S. 446

Bekenntnis gestoßen haben könnte, da er in seinen Gegnern nicht die wirklichen Söhne Israels sieht. Oder er hat dies in der jüdisch geprägten Gemeinde als selbstverständlich vorausgesetzt.[49]

Die Quellenfrage der übrigen Verse ist sehr umstritten. Die Differenzen der drei Perikopen haben die Diskussion veranlasst, ob Markus als Grundlage gelten kann oder ob Mt und Lk weitere Quellen herangezogen haben. Eine mögliche Erklärung könnte ein Q-Text sein, obwohl verschiedene Autoren davon ausgehen, dass Markus die einzige Quelle sei. Ein weiteres Argument gegen die Verwendung eines Q-Textes ist, dass sich darin kein sinnvoller Platz für sie ausmachen lässt. Denkbar wäre, dass Mt dies als Sondertradition kannte. Bei der Bestimmung der ursprünglicheren Fassung, ist zu bedenken, dass die Mk-Fassung aufgrund der Betonung des monotheistischen Glaubensbekenntnisses (Mk 12,29 = Dtn 6,4) und des intellektuellen Verständnisses der Gottesliebe (Mk 12,30) dem hellenistischen Judentum zuzuordnen wäre. Die Sondertradition hingegen, die eine versucherische Absicht beinhaltet, wäre daher als sekundär anzusehen.[50] Ob die Formulierung des Doppelgebots der Liebe auf den historischen Jesus zurückgeht ist sehr umstritten, da es in der Lk-Fassung von einem Schriftgelehrten genannt wird.[51]

Redaktionsanalyse

Wird Markus als Vorlage angenommen, so ergeben sich die folgenden Änderungen. Sowohl die Einleitung in Vers 34 als auch der Schluss in Vers 40 sind redaktioneller Art. Die Änderungen im Matthäus-Text sind als Redaktion erklärbar, denn ein abgesandter der Pharisäer kann nicht das Zentrum der christlichen Ethik formulieren und dafür von Jesus gelobt werden. Das Fehlen von Deuteronomium 6,4 könnte der Straffung dienen. Für diese Hypothese spräche zudem, dass die Übereinstimmungen zwischen Matthäus und Lukas nicht identisch sind, da sie in Stellung und Formulierung variieren und die Streichung von Markus 12, 28-34 auf unterschiedliche Weise erfolgt.[52] Um die völlige Übereinstimmung des Schriftgelehrten und Jesus in

---

[49] Vgl. Sand 1986, S. 446f
[50] Vgl. Luz 1997, S. 270 f.
[51] Vgl. Ebd., S. 277
[52] Vgl. Ebd., S. 270

12

ihr Gegenteil zu verkehren, nämlich eine feindselige Herausforderung, hat Mt den Abschnitt von Markus 12, 32-34b gestrichen.[53]

Interpretation

Aus der vorhergehenden Analyse ergeben sich die folgenden Ergebnisse, die für das Verständnis der Perikope relevant sind:

Der Ort des Geschehens ist der Tempel in Jerusalem, aus dem er im Rahmen der Tempelreinigung Händler und Geldwechsler vertrieb und in dem er fortan lehrte. Daher könnte dem Text mit seiner pointiert auf die Gottes- und Nächstenliebe gerichtete Antwort durch Jesus ein tempelkritischer Unterton entnommen werden.[54] Die Pharisäer, die als Kontrahenten auftreten, fordern Jesus heraus. Worin das Böswillige in der Frage nach dem höchsten Gebot liegt, ist ohne Hintergrundwissen über die Konfliktbeziehung zwischen Jesus und den Pharisäern für den Leser nicht zu erkennen.[55] Versucherisch könnte sie insofern sein, dass das rabbinische Bemühen um alle Einzelgebote und ein dahinterliegendes formales Gesetzesverständnis durch die Angabe eines höchsten Gebotes kritisiert werden würde.[56] Jesus beweist, verstärkt durch die Darstellung als letztes Glied einer Chrienreihe, seine eigene Überlegenheit und somit auch die des Christentums, indem er auf Frage nach dem wichtigsten Gebot das Doppelgebot der Liebe formuliert. Eine solche Überlegenheit des Christentums gegenüber der jüdischen Ethik aufzuzeigen war nicht nur die Intention des Autors, sondern wird noch bis heute versucht. Allerdings lässt sich anhand des Doppelgebots der Liebe kein Unterschied zwischen der biblisch-frühjüdischen und der jesuanisch-frühchristlichen Ethik herausstellen, sondern vielmehr eine fundamentale Übereinstimmung jüdischer und christlicher Ethik aufzeigen, da es sinngemäß bereits in vorchristlicher Zeit belegt worden ist.[57] Das doppelte Liebesgebot kann als Maßstab für das richtige Verständnis aller Gebote angesehen werden. Allerdings lassen sich keine Schlüsse daraus ziehen wie das Verhältnis von Haupt- und Einzelgeboten der Tora zu denken ist. Das Liebesgebot wird als wichtiger als alle anderen Gebote klassifiziert, jedoch lassen sich die anderen Gebote, wie beispielsweise das Scheidungsverbot oder das

---

[53] Vgl. Fiedler 2006, S.338
[54] Vgl. Frankemöller 1997, S.353
[55] Vgl. Luz 1997, S. 277
[56] Vgl. Gnilka 2000, S. 259
[57] Vgl. Fiedler 2006, S. 339 f

Schwurverbot, nicht aus ihm ableiten.[58] Würde die Redewendung, dass an dem Gebot das Gesetz und die Propheten hängen in rabbinischer Tradition übersetzt, so wäre sie so zu verstehen, dass aus dem kleinsten Schriftabschnitt alle Weisungen deduzierbar sind. Die übrigen Gebote werden durch das doppelte Gebot zwar überragt, indem es das Kriterium darstellt, an welchem sie gemessen werden, jedoch nicht obsolet.[59] In diesem Verständnis bietet es keine Lösung für konkrete Einzelprobleme, ermöglicht aber eine selbstständige christliche Lösung für ethische Probleme.[60] Jesu lebte die Liebe zum Nächsten, insbesondere zum verachteten und unterdrückten Nächsten, in Wort und Tat vor. Seine vorbildliche Ethik wird in diesem einprägsamen Schulgespräch zu einem verbindlichen und dem wichtigsten Gebot zusammengefasst.[61] Die meisten Ausleger sind sich einig, dass jeder notleidende Mitmensch als Nächster anzusehen ist. Allerdings wurde die Nächstenliebe auch im Christentum nicht durchgehend universalistisch verstanden. Die Nächstenliebe ist nicht als Gefühl, sondern vielmehr als Handeln verstanden, das sich auf äußere Unterstützung, aber auch auf geistliche Angelegenheiten beziehen kann, indem der Nächste zu Gott geführt wird. In der Liebe zum Nächsten wird die Gleichheit aller Menschen vor Gott ausgedrückt.[62] In der systematischen Theologie wird die Eröffnung der Nächstenliebe durch die Gottesliebe betont. Es lässt sich allerdings argumentieren, dass sie eine grundlegende Frage der Moral thematisiert, die von religiösen Erfahrungen unabhängig ist.[63]

Unterschiedliche exegetische Leseweisen und Interpretationen treten vor allem in den folgenden beiden Bereichen auf:

> Bei der versuchten Herausstellung der Überlegenheit des Christentums über das Judentum und dem Doppelgebot der Liebe als alleinstellungsmerkmal der christlichen Ethik. Vor allem die Erweiterung durch das Gebot der Feindesliebe, die als Ausweitung des jüdischen Verständnisses der Nächstenliebe gesehen wird.
>
> Dem entgegen steht die Sichtweise als fundamentale Übereinstimmung

---

[58] Vgl. Luz 1997, S. 282
[59] Vgl. Gnilka 2000, S. 260 f.
[60] Vgl. Ebd., S. 262
[61] Vgl. Sand 1986, S. 447 f
[62] Vgl. Luz 1997, S.273 f.
[63] Vgl. Weizsäcker, zitiert nach Gnilka 2000, S. 262 f.

jüdischer und christlicher Ethik, aufgrund der sinngemäßen Belege in vorchristlicher Zeit.

Wie in der Motivanalyse beschrieben kann die Ergänzung des Gesetzes durch die Propheten als Summe der Forderungen Gottes oder die von den Propheten legitim interpretierte Tora verstanden werden. Eine weitere Lesart versteht dies als Ausdruck der Zugehörigkeit des doppelten Liebesgebots zu den Weisungen des Gesetzes und der Propheten. Somit ist sie als deren Richtmaß zu verstehen. Diese unterschiedlichen Interpretationen verändern das Verständnis der Perikope allerdings nicht grundlegend.

Literaturverzeichnis

Berger, Klaus: Formen und Gattungen im Neuen Testament, 1. Auflage, Tübingen: UTB 2005

Bull, Klaus-Michael: Bibelkunde des Neuen Testaments: Die kanonischen Schriften und die Apostolischen Väter: Überblicke – Themakapitel – Glossar, 8. Auflage, Göttingen: Vandenhoeck & Ruprecht, 2018.
Texte entnommen von: https://www.bibelwissenschaft.de/bibelkunde/neues-testament/evangelien/matthaeus/, zuletzt abgerufen am 01.02.2020

Fiedler, Peter: Das Matthäusevangelium. W. Kohlhammer Verlag, 2006

Frankemöller, Hubert: Matthäus Kommentar 1, 2. Auflage, Düsseldorf: Patmos Verlag, 1999

Frankemöller, Hubert: Matthäus Kommentar 2, 1. Auflage, Düsseldorf: Patmos Verlag, 1997

Gnilka, Joachim: Herders theologischer Kommentar zum Neuen Testament: Das Matthäusevangelium, Freiburg: Verlag Herder GmbH, 2000

Guttenberger, Gudrun: Nächstenliebe. 1. Auflage, Wiesbaden: Kreuz-Verlag, 2007

Luz, Ulrich: Das Evangelium nach Matthäus. 1. Auflage, Düsseldorf: Benzinger Verlag, 1997

Niebuhr, Karl-Wilhelm: Jesus, Paulus und die Pharisäer. Beobachtungen zu ihren historischen Zusammenhängen, zum Toraverständnis und zur Anthropologie, Barcelona, 2009

Sand, Alexander: Das Matthäus-Evangelium. Regensburg: Pustet, 1986

Söding, Thomas: Der Lehrer der Gottesherrschaft: Die Reden Jesu im Matthäusevangelium, Bochum, 2017

Anhang

Übersetzungsvergleich
Matthäus 22, 34-40

Zürcher Bibel	Elberfelder Bibel	Münchener Neues Testament	Lutherbibel 2017
[34]Als aber die Pharisäer hörten, dass er die Sadduzäer zum Schweigen gebracht hatte, versammelten sie sich am selben Ort.	[34]Als aber die Pharisäer hörten, dass er die Sadduzäer zum Schweigen gebracht hatte, versammelten sie sich miteinander.	[34]Die Pharisaier aber, hörend, daß zum Schweigen er brachte die Saddukaier, kamen zusammen daselbst,	[34]Als aber die Pharisäer hörten, dass er den Sadduzäern das Maul gestopft hatte, versammelten sie sich.
[35]Und in der Absicht, ihn auf die Probe zu stellen, fragte ihn einer von ihnen, ein Gesetzeslehrer:	[35]Und einer von ihnen, ein Gesetzgelehrter, fragte, um ihn zu versuchen:	[35]und es befragte ihn einer von ihnen, [ein Gesetzeskundiger,] ihn versuchend:	[35]Und einer von ihnen, ein Lehrer des Gesetzes, versuchte ihn und fragte:
[36]Meister, welches Gebot ist das höchste im Gesetz?	[36]Lehrer, welches ist das große Gebot in dem Gesetz?	[36]Lehrer, welches Gebot ist groß im Gesetz?	[36]Meister, welches ist das höchste Gebot im Gesetz?
[37]Er sagte zu ihm: *Du sollst den Herrn, deinen Gott, lieben mit deinem ganzen Herzen und mit deiner ganzen Seele und mit deinem ganzen Verstand.*	[37]Er aber sprach zu ihm: „Du sollst den Herrn, deinen Gott, lieben mit deinem ganzen Herzen und mit deiner ganzen Seele und mit deinem ganzen Verstand."	[37]Der aber sagte ihm: ›Du sollst lieben *den* Herrn, deinen Gott, mit deinem ganzen Herzen und mit deiner ganzen Seele und mit deiner ganzen Einsicht.	[37]Jesus aber sprach zu ihm: »Du sollst den Herrn, deinen Gott, lieben von ganzem Herzen, von ganzer Seele und von ganzem Gemüt« (5. Mose 6,5).
[38]*Dies ist das höchste und erste Gebot.*	[38]Dieses ist das große und erste Gebot.	[38]Das ist das große und erste Gebot.	[38]Dies ist das höchste und erste Gebot.
[39]*Das zweite aber ist ihm gleich:* Du sollst deinen Nächsten lieben wie dich selbst.	[39]Das zweite aber, ihm gleiche, ist: „Du sollst deinen Nächsten lieben wie dich selbst."	[39]Ein zweites aber *ist* ihm gleich: ›Du sollst lieben deinen Nächsten wie dich selbst.	[39]Das andere aber ist dem gleich: »Du sollst deinen Nächsten lieben wie dich selbst« (3. Mose 19,18).
[40]*An diesen beiden Geboten hängt das ganze Gesetz und die Propheten.*	[40]An diesen zwei Geboten hängt das ganze Gesetz und die Propheten.	[40]An diesen zwei Geboten hängt das ganze Gesetz und die Propheten.	[40]In diesen beiden Geboten hängt das ganze Gesetz und die Propheten.

Die Perikope enthält keine besonders unklaren Begriffe. Grundsätzlich unterscheiden sich die Übersetzungen vor allem in der Verwendung unterschiedlicher Begriffe, die jedoch den Sinn des Textes kaum verändern (z.B. „das große" - „das erste" - „das höchste" Gebot oder „Verstand" - „Einsicht" - „Gemüt").

Synoptischer Vergleich[64]

Matthäus 22, 34-40	Markus 12, 28-34	Lukas 10, 25-28
[34]Als aber die Pharisäer hörten, dass er die Sadduzäer zum Schweigen gebracht hatte, versammelten sie sich am selben Ort. [35]Und in der Absicht, ihn auf die Probe zu stellen, fragte ihn einer von ihnen, ein Gesetzeslehrer: [36]Meister, welches Gebot ist das höchste im Gesetz?	[28]Und einer der Schriftgelehrten, der gehört hatte, wie sie miteinander stritten, trat zu ihm. Und da er sah, dass er ihnen gut geantwortet hatte, fragte er ihn: Welches Gebot ist das erste von allen?	[25]Da stand ein Gesetzeslehrer auf und sagte, um ihn auf die Probe zu stellen: Meister, was muss ich tun, damit ich ewiges Leben erbe?
[37]Er sagte zu ihm: *Du sollst den Herrn, deinen Gott, lieben mit deinem ganzen Herzen und mit deiner ganzen Seele und mit deinem ganzen Verstand.* [38]Dies ist das höchste und erste Gebot.	[29]Jesus antwortete: Das erste ist: *Höre, Israel, der Herr, unser Gott, ist allein Herr,* [30]*und du sollst den Herrn, deinen Gott, lieben mit deinem ganzen Herzen und mit deiner ganzen Seele und mit deinem ganzen Verstand und mit all deiner Kraft.*	[26]Er sagte zu ihm: Was steht im Gesetz geschrieben? Was liest du da?
[39]*Das zweite aber ist ihm gleich:* Du sollst deinen Nächsten lieben wie dich selbst.	[31]*Das zweite ist dieses: Du sollst deinen Nächsten lieben wie dich selbst.* Höher als diese beiden steht kein anderes Gebot.	
	[32]Und der Schriftgelehrte sagte zu ihm: Schön hast du das gesagt, Meister, und du hast Recht! *Einer ist er, und einen anderen ausser ihm gibt es nicht* [33]*und ihn lieben mit ganzem Herzen und mit ganzem Verstand und mit aller Kraft* und *den Nächsten lieben wie sich selbst* - das ist weit mehr als alle Brandopfer und Rauchopfer.	[27]Der antwortete: *Du sollst den Herrn, deinen Gott, lieben mit deinem ganzen Herzen und mit all deiner Kraft und mit deinem ganzen Verstand, und deinen Nächsten wie dich selbst.*
[40]*An diesen beiden Geboten hängt das ganze Gesetz und die Propheten.*	[34]Und Jesus sah, dass er verständig geantwortet hatte, und sagte zu ihm: Du bist nicht fern vom Reich Gottes. Und keiner wagte mehr, ihm eine Frage zu stellen.	[28]Er sagte zu ihm: Recht hast du; tu das, und du wirst leben.

---

[64] Übersetzungen entstammen der Zürcher Bibel 2007